Joes wil een p

Vivian den Hollander
tekeningen van Juliette de Wit

Zwijsen

De poes

De school is uit.
Joes gaat naar huis.
Tes loopt met hem mee.
Ze zegt:
'Wat doen we?
Speel jij bij mij?
Of ik bij jou?'

Joes zegt niks.
Want wat ziet hij daar?
Het is een poes.
Ze is grijs met wit.
Ze zit bij de deur.
'Mauw,' doet de poes.
Joes stoot Tes aan.
'Kijk nou!
Wat een leuk beest.
Weet jij waar ze woont?'
'Nee,' zegt Tes.
'Ik ken die poes niet.
Ze is vast de weg kwijt.'
'Hoe weet je dat?'
Tes zegt:
'Kijk maar goed.
Ze is heel dun.'
'Mauw,' doet de poes weer.
Joes lacht.
'Hee, poes.
Heb je soms trek?'
Hij bukt.
'Kom maar hier.
Of ben je bang?'

'Mauw.'
De poes geeft een kopje.
En nog een.
En weer een keer.
Joes kijkt blij.
'Wat is ze lief, zeg!'
En wat doet Joes?
Hij doet zijn rugtas af.
Die zet hij bij de muur.
Dan pakt hij de poes op.
'Kijk, Tes.
Weet je wat ik doe?
Ik neem dit beest mee.'
'Jij?'
'Jep.'
En floep …
Daar gaat de poes.
Ze zit in de tas.
Tes schiet in de lach.
'Moet die poes echt daar in?'
'Jep,' zegt Joes weer.
'Want An mag haar niet zien.
Zij wil geen poes in huis.
Maar ik wel.'

Heeft Joes trek?

Er is een uur om.
Joes zit op bed.
De poes ligt naast hem.
Ze heeft kaas op.
En ook wat melk.
Maar dan …
'Mauw,' doet de poes luid.
'Mauw.'

Joes kijkt boos.
'Ssst!
Doe stil.
Je moet lief zijn!
Als An je hoort …'
Maar de poes mauwt door.
'Heb je nog meer trek?'
'Mauw,' doet de poes weer.
Joes zucht.
Dan loopt hij de trap af.
Hij zoekt in de koelkast.
Wat lust een poes nog meer?
Kaas heeft ze al op.
En melk ook.

Daar is An.
'Wat doe je, Joes?
Wat zoek je in de koelkast?'
'Ik heb trek, mam.
Heb je ham?'
An pakt een plak.
'Hier, eet dit maar op.
Dat is goed voor je.'
'Dank je, mam.'
Maar wat doet Joes?
Hij eet niet.
De ham gaat in zijn zak.

Wat wil de poes?

Joes zit weer op zijn bed.
Zijn deur zit dicht.
'Hier, poes,' zegt hij.
Hij laat de ham zien.
'Wil je dit?'
De poes ruikt aan de ham.
Maar ze eet geen hap.
'Raar beest,' zegt Joes.
'Wil je geen ham?
Wat wil je dan?'
De poes loopt naar de deur.
Joes lacht.
'O, ik weet het al.
Je moet een plas!'
'Mauw,' doet de poes weer.
Vlug pakt Joes de tas.
Hup, de poes gaat er in.
Ze moet mee naar de tuin.
Daar kan ze een plas doen.
Maar de poes wil niet in de tas.
'Mauw,' doet ze boos.
'Mauw-mauw!'

'Ssst,' doet Joes.
'Doe stil, poes!'
Hij loopt door de gang.
Met de tas.
Het is al te laat.
An hoort de mauw.
'Wat is dat, Joes?
Komt dat uit de tas?'
'Nee, mam.'
Joes praat snel.
'Dat was mijn stem.
Ik rijm.
Hoor maar.
Mauw, pauw.
Ik hou van jou.
Mauw, lauw.
De lucht is blauw.
Leuk, hè?
Dat leer ik op school.'

Joes holt naar de deur.
Hij rijmt maar door.
'Mauw, gauw.
Ik hou ook van blauw.
Net als de pauw.'

Joes rijmt … en rijmt.
Tot hij in de tuin is.
Pfff.
Dat ging net goed.
Joes kijkt rond.
Ziet An hem niet?
Nee, niks te zien.
Hij zet de tas neer.
De poes kan er uit.
Daar gaat ze.
Ze loopt naar de boom.
En doet een plas.

In de nacht

Het is nacht.
Joes ligt in bed.
De poes ligt naast hem.
'Prrr,' spint ze.
'Prrr …'
Het is fijn bij Joes.
Het bed is heel zacht.
'Prrr, prrr …'
En dan …

De poes geeft Joes een lik.
Op zijn neus.
'Whaaa ...' gilt Joes.
'Whaaa!'
Wat was dat?
Wat dat soms een spook?
Hij zit recht op.
En gilt weer.
'Whaaa ...'
En wat doet de poes?
Ze kijkt heel bang.
Wat moet ze doen?
Dan rent ze weg.

Daar is An.
'Wat is er, Joep?
Je gilt heel hard.
Ben je bang?
Of had je een droom?'
'Mauw,' hoort ze dan.
'Mauw-mauw.'
An ziet de poes.
Ze zit bang in een hoek.
'Hee, wat is dat?
Zit er een poes in huis?
Ik snap dat je gilt.
Hoe komt dat beest hier?
Gek, zeg.
Het raam staat niet op een kier.'
Joes zegt niks.
Oo, wat deed hij dom.
'Gek hoor,' zegt An weer.
'Een poes in huis.
Dat wil ik echt niet.
Dat beest moet snel weg.'
'Maar mam!'
Joes ziet bleek.
'Laat die poes toch!'

23

An hoort hem niet.
Ze kijkt bang naar de poes.
'Weg jij.
Hup, weg!'
'Mauw,' doet de poes weer.
Ze schiet onder het bed.
An roept:
'Kom hier, poes!'
An ligt op haar buik.
Ze voelt en voelt.
Mis.
De poes is veel te snel.

Joes en de poes

Daar is pap.
Hij gaapt luid.
'Zeg, An.
Wat is er?
Slaap je niet?'
An kijkt sip.
'Er zit een poes in huis.
Ze is heel eng.
Kijk zelf maar.
Ze zit onder het bed.'
'Een poes?'
Pap schiet in de lach.
'Ben je daar bang voor?
Je bent mal.'
Hij pakt de poes beet.
'Ach, wat een leuk beest.
Maar wat is ze dun.
Van wie zou ze zijn?
Weet je wat?
Ik zet haar in de tuin.
Tot de zon er is.
Dan zien we wat we doen.'

An zegt niks.
Maar Joes roept:
'Goed plan, pap.'
Dan valt hij in slaap.
In zijn droom heeft hij een poes.
Ze is wit met grijs.
En Joes is heel blij.

Serie 8 • bij kern 8 van Veilig leren lezen

Joes wil een poes

Vivian den Hollander en Juliette de Wit

Een beer op school

Truus van de Waarsenburg en Camila Fialkowski

Komt Tes op tijd?

Annemarie Bon en Tineke Meirink

De dag dat Zil kwam

Rindert Kromhout en Jan Jutte

Lam doet niet meer mee

Ben Kuipers en Ingrid Godon

Taart!

Jaap de Vries

Ik kan niks

Erik van Os & Elle van Lieshout en Mark Janssen

Wat proef je, Kaat?

Dirk Nielandt en An Candaele